TRAITÉ

D'HARMONIE

ADOPTÉ

au Conservatoire

composé par

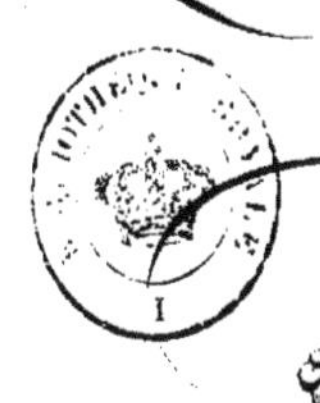

CATEL

Membre du Conservatoire.

Prix 25f.

A PARIS, chez J. MEISSONNIER et FILS, Rue Dauphine, 22

1846

ARTICLE PRÉLIMINAIRE.

INTERVALLES.

L'intervalle est la distance qui sépare une note d'une autre.

En harmonie, les intervalles se comptent en partant du grave à l'aigu; et la basse étant la partie la plus grave, c'est d'après elle que l'on compte les intervalles qui forment les accords.

La gamme renferme les intervalles de *Seconde, Tierce, Quarte, Quinte, Sixte, Septième* et *Octave*. Ex:1er

En doublant les intervalles on trouve ceux de *Neuvième, Dixième, Onzième, Douzième, Treizième, Quatorzième*, et *Quinzième* qui sont la répétition des premiers, à l'octave au-dessus Ex: 2^{e}

En renversant les intervalles, c'est-à-dire en transportant le grave à l'aigu, l'*Unisson* devient *Octave*, la *Seconde* devient *Septième*, la *Tierce* devient *Sixte*, la *Quarte* devient *Quinte*, la *Quinte* devient *Quarte*, la *Sixte* devient *Tierce*, la *Septième* devient *Seconde* et l'*Octave* devient *Unisson*.

Chacun de ces intervalles se présente sous trois faces différentes.

TABLEAU DES INTERVALLES

ET LEURS RENVERSEMENS SOUS LES TROIS FACES DIFFERENTES.

L'intervalle mineur, majeur et augmenté, ou diminué.

CONSONNANCES ET DISSONNANCES.

Les intervalles sont divisés en intervalles consonnans et dissonans.

Les intervalles consonnans sont: la *Tierce*, la *Quinte*, la *Sixte* et l'*Octave*.

La Quarte étant un renversement de quinte, devrait être considérée comme consonnance, mais son effet étant beaucoup moins agréable que celui de la quinte, elle est regardée comme dissonnance contre la basse, et comme consonnance entre les parties intermédiaires et supérieures.

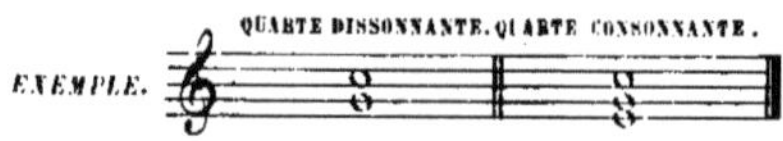

Néanmoins, la quarte est employée comme consonnance dans le second renversement de l'accord parfait; aussi ce renversement est-il le moins agréable et le seul dont on ne puisse pas former une succession.

Les intervalles dissonnans sont: la *Seconde*, et la *Septième*. EXEMPLE.

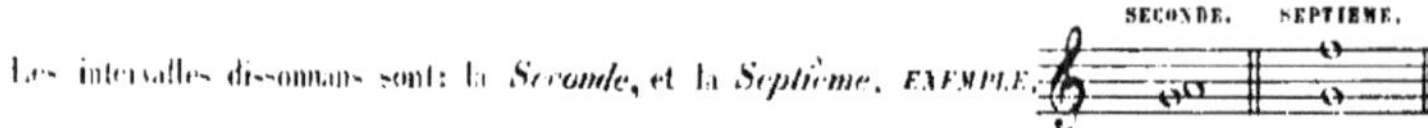

Les consonnances sont divisées en parfaites et en imparfaites.

Les consonnances parfaites sont: la *Quinte* et l'*Octave*.

On les nomme parfaites, parcequ'elles ne peuvent être alterées sans cesser d'être consonnantes.

La Quinte ne pouvant être altérée sans cesser d'être consonnante, on doit regarder la quinte diminuée et la quinte augmentée comme intervalles dissonans.

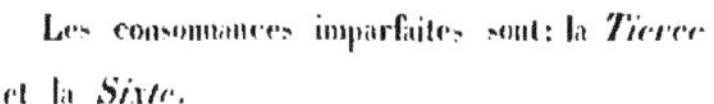
Les consonnances imparfaites sont: la *Tierce* et la *Sixte*.

On les nomme imparfaites, parcequ'elles peuvent être majeures et mineures sans cesser d'être consonnantes.

La tierce et la sixte n'étant consonnantes que lorsqu'elles sont majeures et mineures, on doit regarder la tierce diminuée et la sixte augmentée, comme intervalles dissonnans.

MOUVEMENS.

Il y a trois mouvemens: le mouvement *Direct*, le mouvement *Oblique*, et le mouvement *Contraire*. Le mouvement direct est celui que font deux parties qui montent ou descendent en même tems.

MOUVEMENT DIRECT.

Le mouvement oblique est celui que font deux parties, dont l'une reste au même degré, pendant que l'autre monte ou descend.

MOUVEMENT OBLIQUE.

Le mouvement contraire est celui que font deux parties dont l'une monte pendant que l'autre descend.

MOUVEMENT CONTRAIRE.

Le mouvement oblique, et surtout le mouvement contraire, sont ceux qui offrent le plus de ressources et de richesses dans l'harmonie.

MARCHE DES CONSONNANCES.

Une sucession de consonnances parfaites ne s'emploie que par le mouvement oblique et le mouvement contraire seulement.

MOUVEMENT OBLIQUE. MOUVEMENT CONTRAIRE.

EXEMPLE.

L'emploi du mouvement direct, pour les consonnances parfaites produirait des quintes et des octaves de suite, soit directes, soit cachées, ce qu'il faut éviter avec soin.

A trois et à quatre, les quintes et les octaves cachées sont tolérées, dans les parties intermédiaires, entre les consonnances seulement.

Une succession de consonnances imparfaites s'emploie par les trois mouvemens.

ARTICLE PREMIER.

THÉORIE GÉNÉRALE DES ACCORDS.

Il n'existe en harmonie qu'un seul accord qui contient tous les autres.

Cet accord est formé des premiers produits du corps sonore, ou des premières divisions du monocorde.

Une corde tendue donne dans sa tonalité un son que je nommerai *Sol*. Sa moitié donne un *Sol* à l'octave du 1er son tiers donne un *Ré* à la 12me son quart donne un *Sol* à la double octave, son cinquième donne un *Si* à la 17me son sixième donne un *Ré* octave du tiers, son septième donne un *Fa* à la 21me son huitième donne un *Sol* à la triple octave, son neuvième donne un *La* à la 23me

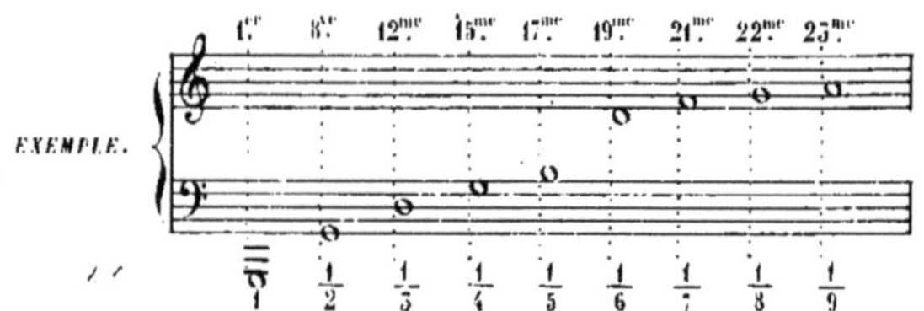

Ainsi, en partant du quart de la corde, ou de la double octave du premier son, on trouve en progression de tierce l'accord *Sol, Si, Ré, Fa, La*. Ex:

1/8 1/9 1/10 1/11 1/12 1/13 1/14 1/15 1/16 1/17

En commençant cette opération à la triple octave, qui est le huitième de la corde, et laissant les notes intermédiaires on trouve l'accord *Sol, Si, Ré, Fa, La* ♭, qui est le même accord que le précédent dans le mode mineure. Ex:

Cet accord contient tous ceux qui sont pratiques dans l'harmonie, savoir:

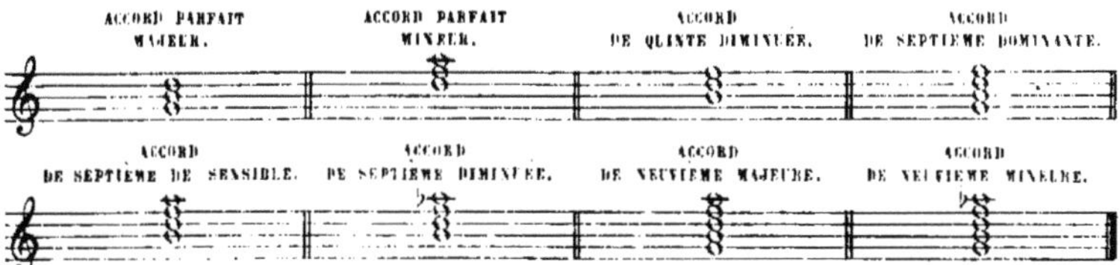

Ces accords, et leurs renversemens, sont les seuls qu'on puisse faire sans aucune préparation, ils formeront ce que je nommerai *Harmonie simple ou naturelle.*

Les autres accords introduits dans l'harmonie se forment par la prolongation d'une ou plusieurs notes d'un accord sur l'accord suivant. Ils formeront l'*Harmonie composée.*

ARTICLE II.

ACCORD PARFAIT MAJEUR.

L'accord parfait majeur est composé de tierce majeure et quinte.

On le chiffre par 5, ou 3, ou 8, suivant les cas. *Voyez* Ex 1er

Son premier renversement ou dérivé est composé de tierce mineure et sixte mineure.

On le nomme accord de sixte. Il se chiffre par 6. *Voyez* Ex 2me

Son deuxieme renversement est composé de quarte et sixte majeure.

On le nomme accord de quarte et sixte. Il se chiffre par $\frac{6}{4}$. *Voyez* Ex 3me

L'accord parfait majeur se pose sur la tonique. On le pose aussi sur la sous-dominante et la dominante du mode majeur, et sur la dominante et la sixième note du mode mineur.

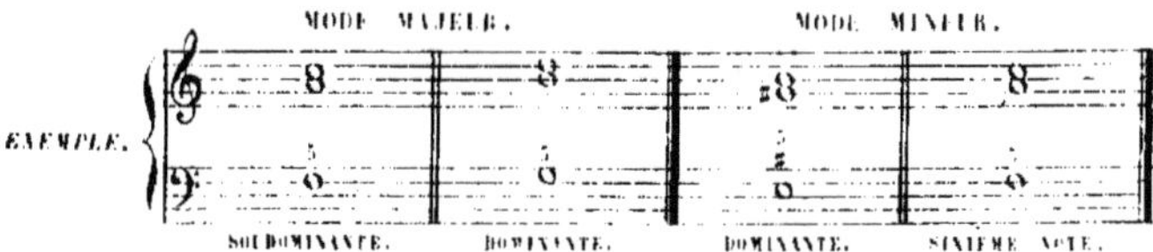

L'accord parfait mineur est composé de tierce mineure et quinte. Ex: 1er

Son premier renversement est composé de tierce majeure et sixte majeure. Ex: 2me

Son deuxième renversement est composé de quarte et sixte mineure. Ex: 3me

On chiffre cet accord et ses dérivés comme le majeur, en indiquant aux chiffres les altérations qui ne seraient pas à la clef.

L'accord parfait mineure se pose sur la tonique du mode mineur, et sur la quatrième note du même mode. *Voyez* Ex: 1er

Dans le mode majeur, l'accord parfait mineur se pose sur la deuxième, la troisième et la sixième notes. *Voyez* Ex: 2me

Ex: 1er MODE MINEUR. Ex: 2e MODE MAJEUR.

EXEMPLE.

TONIQUE. SOUDOMINANTE. 2me NOTE. 3me NOTE. 6me NOTE.

ACCORD DE QUINTE DIMINUÉE.

L'accord de quinte diminuée est composé de tierce mineure et quinte diminuée.

Il est composé de tierce et quinte, comme les accords parfaits; mais on ne lui donne pas la qualité de parfait, à cause de la quinte diminuée qui n'est pas un intervalle consonnant. On le chiffre par 5̸.

Son premier dérivé est composé de tierce mineure et sixte majeure. On le chiffre par ×6.

Son deuxième dérivé est composé de quarte augmentée et sixte majeure. On le chiffre par $\times{}^{6}_{4}$.

ACCORD DE QUINTE DIMINUÉE. 1er DÉRIVÉ. 2me DÉRIVÉ.

EXEMPLE.

L'accord de quinte diminuée se pose sur la note sensible du mode majeur, et sur la deuxième note du mode mineur.

MODE MAJEUR. MODE MINEUR.

EXEMPLE.

NOTE SENSIBLE. 2me NOTE.

OBSERVATION.

Quoique l'intervalle de quinte diminuée ne soit pas consonnant, on ne peut pas cependant classer cet accord dans le nombre des accords dissonnans puisqu'aucune des notes qui le composent n'a une marche déterminée, (comme l'ont toutes les dissonnances) qu'elles peuvent toutes monter, descendre ou rester en place; d'où l'on peut conclure que, si cet accord est moins parfait que les deux autres, il peut néanmoins être employé à faire un repos momentané avant d'arriver à un repos plus parfait: ainsi il doit être classé avec les accords consonnans.

Toutes les notes de la gamme sont susceptibles de recevoir l'accord parfait.

Les accords parfaits doivent se succéder de manière qu'aumoins une note d'un accord fasse partie de l'accord suivant.

La meilleure manière d'unir entre-eux les accords parfaits est d'en préparer la quinte.

PRÉPARATION DE LA QUINTE.

EXEMPLE.

Néanmoins on peut faire plusieurs accords parfaits de suite sans aucune liaison; dans ce cas il faut employer le mouvement contraire dans les parties, afin d'éviter les quintes de suite qui en résulteraient necessairement par le mouvement direct.

MOUVEMENT CONTRAIRE — MOUVEMENT DROIT.

EXEMPLE. Mauvais. Mauvais.

Suite d'accords parfaits, où toutes les quintes sont préparées.

EXEMPLE.

Suite de sixtes, premier renversement de l'accord parfait.

EXEMPLE.

Le second renversement donnerait une suite de quarte et sixte qui n'est point usitée, à cause de son effet vague et de sa tendance à la dureté. L'accord de quarte et sixte ne s'emploie guère que sur la tonique et sur la dominante.

EXEMPLE.

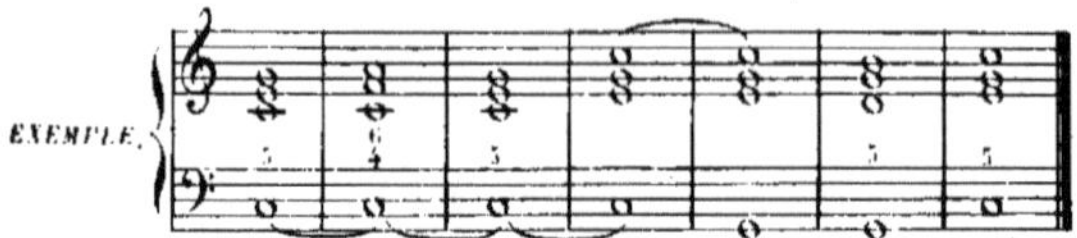

Il est des cas où on peut en employer deux de suite par degrés conjoints seulement.

EXEMPLE.

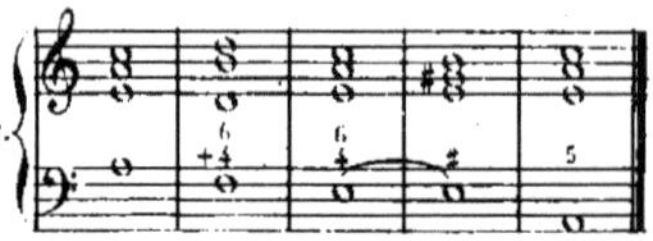

Autre suite d'accords parfaits, où toutes les quintes sont préparées.

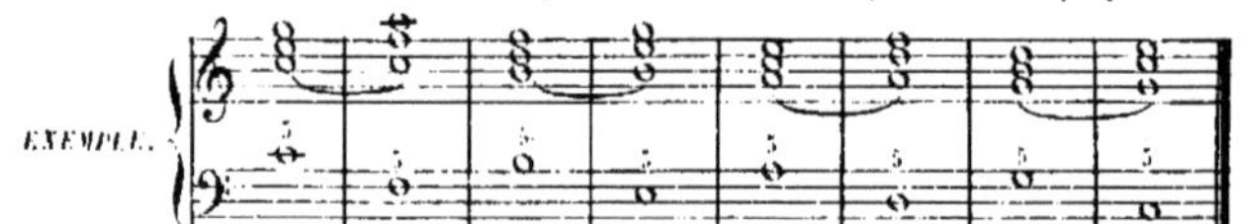

EXEMPLE.

Suite de sixtes; renversement du même passage.

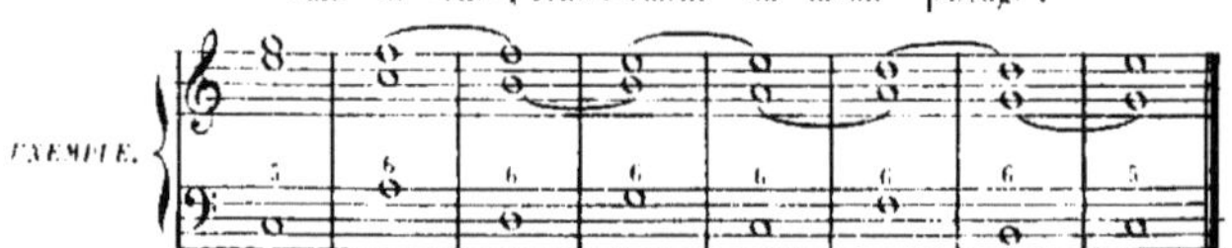

EXEMPLE.

Suite d'accords parfaits, où les quintes ne sont pas préparées.

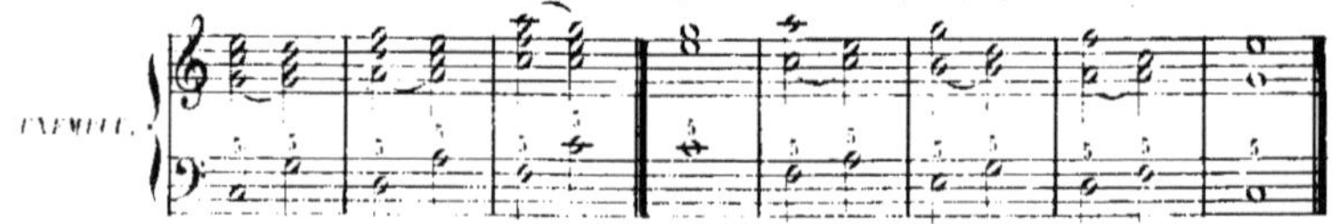

EXEMPLE.

Suite d'accords parfaits qui n'ont entr'eux aucune liaison.

EXEMPLE.

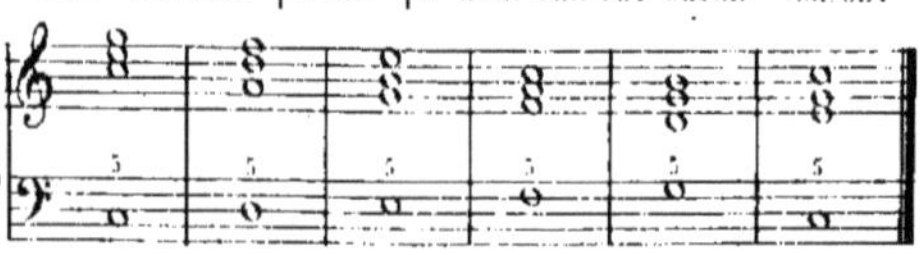

Suite de sixtes; renversement de la marche précédente.

La suite de sixtes se fait par le mouvement droit.

EXEMPLE.

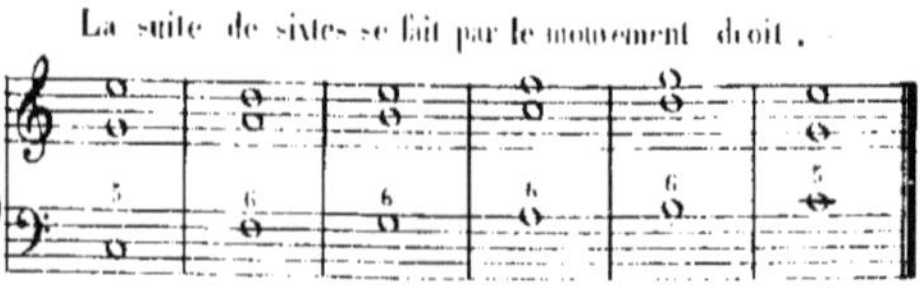

Suite d'accords parfaits en descendant. Suite de sixtes; renversement de la précédente.

ARTICLE III.

SEPTIÈME DOMINANTE.

L'accord de septième dominante est composé de tierce majeure, quinte et septième mineure. On le chiffre par $\frac{7}{+}$ ou 7. Il se pose sur la cinquième note du ton.

La septième est dissonante et doit descendre d'un degré, et la note sensible doit monter d'un degré.

Son premier renversement est composé de tierce mineure, quinte diminuée et sixte mineure. On le chiffre par $\frac{6}{5}$.

On le nomme accord de sixte et quinte diminuée. Il se pose sur la note sensible.

Son deuxième renversement est composé de tierce mineure, quarte et sixte majeure.

On le chiffre par $\overset{+}{\underset{3}{4}}$ ou +6. On le nomme accord de sixte sensible.

Il se pose sur la deuxième note du ton.

Son troisième renversement est composé de seconde majeure, quarte augmentée ou triton, et sixte majeure. Il se chiffre par $\frac{+}{2}$ ou par +4. On le nomme accord de triton.

L'accord de septième dominante fait sa résolution sur la tonique, ce qui produit un repos d'harmonie qu'on nomme cadence parfaite.

Cet accord est le même dans les deux mode.

Emploi de la septième dominante dans le mode majeur.

EXEMPLE.

Emploi de la septième dominante dans le mode mineur.

EXEMPLE.

ARTICLE IV.

SEPTIÈME DE SENSIBLE.

DANS LE MODE MAJEUR.

L'accord de septième de sensible est composé de tierce mineure, quinte diminuée et septième mineure. Il se pose sur la note sensible.

La septième qui est dissonante descend d'un degré.
La quinte qui est diminuée et par conséquent dissonante, descend aussi d'un degré et la note sensible monte d'un degré.

Ex:

Cet accord se chiffre par $\frac{7}{5}$.

Pour que son effet soit plus agréable il faut en retrancher la tierce. Ex:

Son premier dérivé est composé de tierce mineure, quinte et sixte majeure.
On le nomme accord de quinte et sixte sensible. Il se chiffre par $^{+}{}^{6}_{5}$.

Il se pose sur la deuxième note du ton, qui doit monter afin d'éviter les deux quintes.

Pour employer le premier et le deuxième dérivés de cet accord d'une manière plus agréable il faut que l'intervalle de seconde qui s'y trouve soit présenté sous le renversement de septième.

EXEMPLE.

Son deuxième dérivé est composé de tierce majeure, quarte augmentée et sixte majeure.

On le nomme accord de triton avec tierce majeure. On le chiffre par $^{+4}_{3}$.

Il se pose sur la quatrième note du ton.

Son troisième dérivé est composé de seconde majeure, quarte et sixte mineure. On le nomme accord de seconde. On le chiffre par +2. Il se pose sur la sixième note du ton.

Quoique ce renversement puisse se faire sans préparation, il est très peu usité de cette manière; son effet est beaucoup plus agréable en préparant la dissonance.

OBSERVATION.

Cet accord fait sa résolution sur la tonique ainsi que la septième dominante. Ces deux accords ont trois notes qui leur sont communes.

On peut placer sur chacune de ces notes l'un ou l'autre de ces accords, et même tous deux alternativement.

La similitude qui existe entre ces deux accords prouve leur identité et démontre clairement qu'ils ont la même origine. On doit donc regarder le son générateur de la septième dominante, comme étant celui de la septième de sensible.

Le son générateur d'un accord est sa note la plus grave, quand l'accord est en progression de tierce.

Emploi de la septième de sensible dans le mode majeur.

Emploi de la septième dominante et de la septième de sensible alternativement.

L'accord de septième de sensible n'appartient pas exclusivement au mode majeur. Il est des cas où on l'emploie sans préparation sur la seconde note du mode mineur relatif. Alors il se nomme accord de septième de seconde du mode mineur.

Il fait sa résolution sur la dominante. Dans le mode mineur, le son générateur de cet accord est la note grave de l'accord même, et non la dominante comme dans le mode majeur.

Accord de 7.me de seconde du mode mineur. | 1.er Dérivé. | 2.me Dérivé.

EXEMPLE.

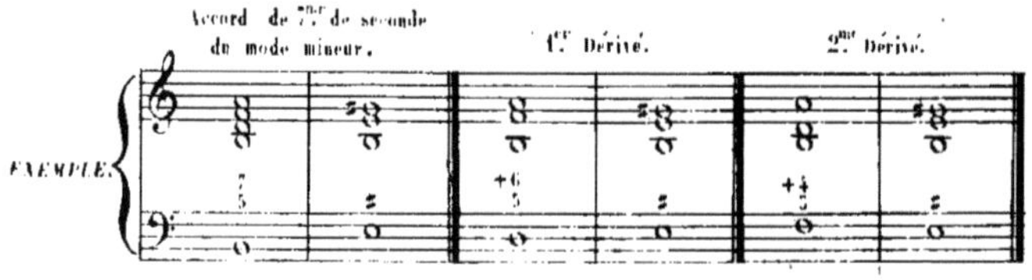

Il se chiffre, ainsi que ses dérivés, comme dans le mode majeur. Son troisième dérivé n'est point usité sans préparation.

C'est ce double emploi qui a fait donner à cet accord le nom de *Septième mixte.*

Comme dans le mode mineur, cet accord s'emploie beaucoup plus souvent en préparant la septième que sans la préparation, ce n'est plus qu'un accord de quinte diminuée qui reçoit une prolongation de septième.

Ainsi, il rentre dans la série des accords simple qui reçoivent la prolongation d'une note étrangère. (*Voyez l'article prolongations.*)

Emploi de la septième de seconde du mode mineur sans préparation.

ARTICLE V.

SEPTIÈME DIMINUÉE.

La septième diminuée est la septième sensible du mode mineur.

Elle est composée de tierce mineure, quinte diminuée et septième diminuée, ce qui fait trois tierces mineures. Cet accord se pose sur la note sensible dans le mode mineur.

Il se chiffre par 7̸. *Voyez* Ex: 1.er

La septième qui est dissonante doit descendre d'un degré, la quinte qui est diminuée doit aussi descendre d'un degré et la note sensible doit monter d'un degré. Cet accord appartient exclusivement au mode mineur: on ne peut l'employer dans le mode majeur que par licence.

Son premier dérivé est composé de tierce mineure, quinte diminuée et sixte majeure.

On le nomme accord de quinte diminuée et sixte sensible. Il se chiffre par $+{6 \atop 5}$ et se pose sur la deuxième note du ton. *Voyez* Ex: 2.me

Son deuxième dérivé est composé de tierce mineure, quarte augmentée et sixte majeure. On le nomme accord de triton avec tierce mineure. Il se chiffre par $+{4 \atop 3}$ et se pose sur la quatrième note du ton. *Voyez* Ex: 3.me

Son troisième dérivé est composé de seconde augmentée, quarte augmentée et sixte majeure. On le nomme accord de seconde augmentée. Il se chiffre par +2 et se pose sur la sixième note du ton. *Voyez* Ex: 4.me

L'accord de septième diminuée fait sa résolution sur la tonique.

Tout ce qui a été dit sur la septième de sensible, quant à ses rapports avec la septième dominante, s'applique à la septième diminuée.

Emploi de la septième diminuée.

Emploi de la septième diminuée et de la septième dominante.

ARTICLE VI.

NEUVIÈME MAJEURE DOMINANTE.

Cet accord est la combinaison de la septième dominante et de la septième sensible réunies.

Il est composé de tierce majeure, quinte, septième mineure et neuvième majeure.

Il se chiffre $\begin{smallmatrix}9\\7\\+\end{smallmatrix}$ et se pose sur la dominante. *Voyez* Ex: 1.

La septième et la neuvième sont dissonantes et doivent descendre d'un degré.

On peut les sauver en même tems, ou l'une après l'autre, en commençant par la neuvième.

EXEMPLE 1.

La note sensible doit monter d'un degré.

Cet accord fait sa résolution sur la tonique.

On doit en retrancher la quinte, pour que l'effet en soit moins dur. *Voyez* Ex: 2.

EXEMPLE 2.

Cet accord est susceptible d'être renversé, mais il faut que le générateur soit toujours à une distance de neuvième de la dissonance, cet intervalle n'étant point susceptible d'être renversé.

Le premier renversement est composé de tierce mineure, quinte diminuée, sixte mineure et septième mineure à l'octave au-dessus.

On le chiffre $\begin{smallmatrix}7\\6\\5\end{smallmatrix}$.

Il se pose sur la note sensible.

1er RENVERSEMENT.

EXEMPLE.

Le deuxième renversement est composé de tierce mineure, quarte, quinte à l'octave au-dessus, et sixte majeure. On le chiffre $\substack{+6\\5\\4\\3}$.

Ce renversement est le moins usité *Voyez* Ex: 1.er

Le troisième renversement est composé de seconde majeure, tierce majeure à l'octave au-dessus, quarte augmentée et sixte majeure. Il se chiffre $\substack{+4\\3\\2}$ *Voyez* Ex: 2.me

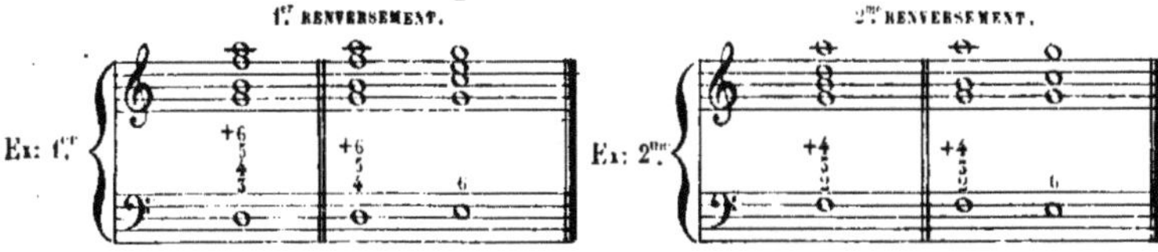

NEUVIEME MINEURE DOMINANTE.

Cet accord est le même que le précédent, à l'exception de la neuvième qui est mineure. C'est l'amalgame de la septième dominante et de la septième diminuée. Il se chiffre $\substack{\flat 9\\7\\+}$.

Il s'emploie de la même manière que le précédent, ainsi que ses renversemens.

ARTICLE VII.

NOTES DE PASSAGE.

PROLONGATIONS SUSPENSIONS RETARDEMENT.

L'harmonie naturelle n'étant composée que d'accords parfaits et de septième dominante et sensible le retour trop fréquent des mêmes accords produit une monotonie qu'on fait disparaître au moyen de quelques dissonnances artificielles qu'on introduit dans l'harmonie naturelle.

Ces dissonnances sont de deux espèces: notes de passage et notes prolongées.

NOTES DE PASSAGE.

Les notes de passage s'emploient au tems faible de la mesure, ou à la partie faible du tems.

Elles sont étrangères aux accords sur lesquels elles ne font que glisser sans s'identifier avec eux.

Elles servent à remplir le vide d'un intervalle de tierce, de quarte, de quinte, &:

Elles doivent toujours avoir une marche diatonique, c'est-à-dire qu'elles doivent marcher par degrés conjoints, soit en montant soit en descendant.

La règle qui défend de faire deux quartes, deux quintes, ou deux octaves de suite, est applicable aux notes de passage, comme si elles faisaient partie de l'harmonie.

Harmonie naturelle offrant un saut de tierce et de quarte au chant et à la basse.

Le saut de tierce rempli par une note de passage au chant et à la basse.

Le saut de quarte rempli par deux notes de passage au chant et à la basse.

La seconde partie faisant les notes de passage à la tierce au-dessous de la première.

Dans cet exemple les quatre parties font des notes de passage par le mouvement contraire.

Harmonie naturelle offrant un saut de tierce au chant et à la basse.

Le saut de tierce rempli au chant et à la basse par une note de passage, au tems faible de la mesure.

Une note de passage à la partie faible de chaque tems, au chant et à la basse.

Harmonie naturelle offrant un saut de quinte au chant et à la basse.

Le saut de quinte rempli par des notes de passage, au chant et à la basse.

NOTES PROLONGÉES.

On peut prolonger une ou plusieurs notes d'un accord sur l'accord suivant.

La note prolongée est une dissonnance qui doit descendre d'un degré, soit dans l'accord même où elle est prolongée, soit dans l'accord suivant. (1)

La prolongation n'est, le plus souvent que le retard d'une note de l'accord. Dans ce cas elle peut se résoudre dans l'accord même sur la note qu'elle avait retardée.

On nomme accord de suspension, celui dans lequel une ou plusieurs notes sont retardées.

HARMONIE SIMPLE. Retard de tierce. Retard de sixte. Retard d'octave.

La prolongation peut se faire aussi sur un accord déjà complet, dans lequel la note prolongée n'aura pas de résolution; mais elle doit nécessairement se résoudre dans l'accord suivant, en descendant d'un degré.

Les prolongations produisent des dissonnances de seconde, de tierce, de quarte ou onzième, de quinte, de sixte, ou treizième, de septième et de neuvième.

Prolongation de 7me au tems fort.

La prolongation se fait au tems fort de la mesure, ou à la partie forte du tems, et la résolution se fait au tems faible.

La prolongation peut se faire aussi au tems faible, lorsqu'il y en a déjà au tems fort, excepté à la basse qui n'en fait pas au tems faible.

Harmonie simple. Retard de la sixte par la quinte.

(1) Il est des cas où la note prolongée retarde une note supérieure; alors elle doit monter d'un degré au lieu de descendre. Ex:

La note prolongée doit avoir au moins autant de durée comme consonance que comme dissonance. Cette règle n'est pas de rigueur.

La consonnance qui précède la dissonance se nomme *préparation*. Ex: 1.

On peut prolonger non seulement une, mais deux et trois notes, à la fois ce qui produit double et triple dissonnance.

Chacune de ces dissonances doit trouver sa résolution, soit dans l'accord même, soit dans l'accord suivant. *Voyez* Ex: 2.

HARMONIE SIMPLE. — syncope consonnante apparente. — syncope consonnante apparente.

La note prolongée est dissonnante, quand elle forme un intervalle de seconde ou de septième, avec une des notes de l'accord, dans lequel elle est prolongée; dans le cas contraire elle est consonnante en apparence mais elle est réellement dissonnante puisqu'elle est étrangère à l'accord.

HARMONIE SIMPLE. — syncopes consonnantes apparentes.

Le second accord, dans cet exemple, est un accord parfait sur la seconde note du ton.

C'est cet accord qui sera renversé dans les exemples suivants, et c'est sur lui et ses renversemens que se feront les prolongations.

HARMONIE SIMPLE ET NATURELLE.

Le premier renversement offre un accord de sixte simple.

Le deuxième renversement présente un accord de quarte et sixte.

Dans cet exemple l'accord parfait n'est pas renversé, mais il descend de tierce.

1. Cet accord est connu sous le nom d'accord de onzième.

L'*Ut* prolongé sur l'accord de *Ré* forme une dissonnance de septième sur l'accord parfait de *Ré*. Cette dissonnance fait sa résolution en descendant d'un degré sur l'accord de septième dominante.

L'*Ut* prolongé sur le *Fa* forme une dissonnance de quinte dans l'accord de sixte.

L'*Ut* prolongé sur le *La* forme dissonnance de tierce dans l'accord de quarte et sixte.

Dissonnance de tierce dans l'accord de sixte et quarte.

Prolongation (3) résolution.

L'*Ut* prolongé à la basse sous l'accord de *Ré* forme dissonnance de seconde (1) sous l'accord parfait.

Dissonnance de seconde sous l'accord parfait.

Prolongation (4) résolution.

Dans cet exemple le second accord est un accord parfait majeur, c'est sur lui et sur ses renversemens que se feront les prolongations.

HARMONIE SIMPLE.

EXEMPLE.

Le 1er Renversement est un accord de sixte.

EXEMPLE.

(1) Il faut observer, que lorsqu'on dit: DISSONNANCE DE SECONDE ce n'est point la seconde qui est la dissonnance, mais la note même de la basse: au lieu que quand on dit: dissonnance de tierce, de quarte, de quinte, de septième, &: ce sont la tierce, la quarte la quinte et la septième qui sont dissonnante.

(1) Cet accord est connu sous le nom de septième mineure.

(2) Cet accord est connu sous le nom de quinte et sixte, ou premier dérivé de septième mineure.

(3) Cet accord est connu sous le nom de petite sixte, ou deuxième dérivé de septième mineure.

(4) Cet accord est connu sous le nom d'accord de seconde, ou troisième dérivé de septième mineure.

Le 2me Renversement est un accord de quarte et sixte.

Dissonnance de quarte retardant la tierce dans l'accord parfait.

quarte et quinte.

Dissonnance de seconde retardant l'accord de sixte.

seconde et quinte.

Dissonnance de 7me retardant l'accord de sixte et quarte.

septième et quarte.

Dans cet exemple le second accord est un accord parfait majeur.

HARMONIE SIMPLE.

1er Renversement, accord de sixte.

2me Renversement, accord de quarte et sixte.

Dissonnance de 9me retardant l'octave dans l'accord parfait.

neuvième.

Dissonnance de 7me retardant l'octave de la sixte dans l'accord de sixte.

septième et sixte.

Dissonnance de quinte, retardant l'octave de la quarte dans l'accord de quarte et sixte.

quarte, quinte et sixte.

Dissonnance de 7me retardant la sixte dans l'accord de sixte.

Dissonnance de quinte, retardant la quarte dans l'accord de quarte et sixte.

quinte et sixte.

Dissonance de seconde retardant l'accord parfait.

Double dissonance de quinte et 7.me retardant la sixte dans l'accord de sixte.

septième et quinte.

Double dissonance de tierce et quinte, retardant la quarte dans l'accord de quarte et sixte.

tierce quinte et sixte.

Double dissonance de seconde et sixte, retardant la note fondamentale et l'octave dans l'accord parfait.

seconde et sixte.

Exemple de la septième dominante et ses trois renversemens.

HARMONIE SIMPLE.

1.er Renversement.
Accord de sixte et quinte diminuée.

2.me Renversement.
Accord de sixte sensible.

3.me Renversement.
Accord de triton.

Dissonance de quarte retardant la tierce dans l'accord de septième dominante.

quarte, quinte et septième.

Dissonance de seconde retardant l'accord de quinte diminuée et sixte.

seconde, quarte et quinte.

Dissonance de septième retardant la sixte dans l'accord de sixte sensible.

tierce, quarte et septième.

Dissonance de quinte retardant la quarte dans l'accord de triton.

seconde, quinte et sixte.

Dans cet exemple le second accord
est un accord parfait mineur.

HARMONIE SIMPLE.

Dissonnance de neuvième, retardant
l'octave dans l'accord parfait.

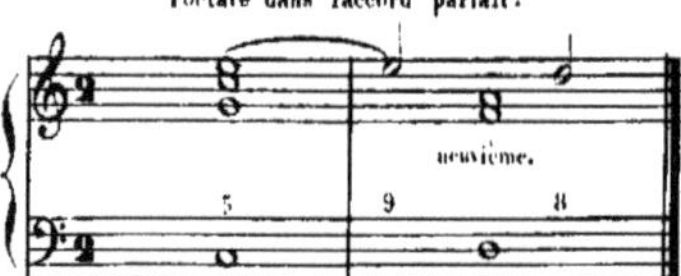

Dissonnance de quarte, retardant la
tierce dans l'accord parfait.

Double dissonnance de neuvième et
quarte, retardant l'octave et la tierce.

Dans cet exemple, le second accord
est un accord de sixte simple.

HARMONIE SIMPLE.

Dissonnance de septième, retardant
la sixte dans l'accord de sixte.

(1) Cet accord est connu sous le nom de septième majeure.

Dissonnance de neuvième, retardant
l'octave dans l'accord de sixte.

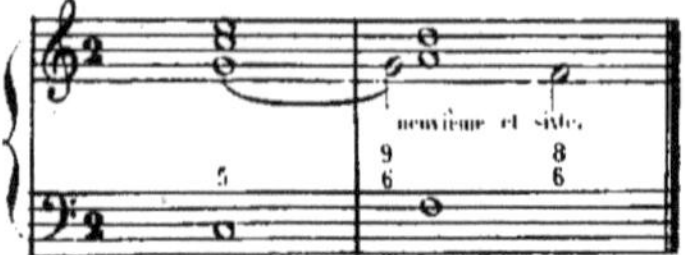

Double dissonnance de septième et
neuvième, retardant la sixte et l'octave.

Dans cet exemple, le second accord
est un accord parfait mineur.

HARMONIE SIMPLE.

Dissonnance de septième sur l'accord parfait.

septième.

Double dissonnance de septième sur l'accord
parfait, et de neuvième retardant l'octave.

septième et neuvième.

Triple dissonnance de septième sur l'accord parfait,
et de neuvième et quarte retardant l'octave et la tierce.

Accord de sixte à la seconde mesure.

HARMONIE SIMPLE.

Dissonnance de quinte dans l'accord de sixte.

Double dissonnance de quinte dans l'accord de sixte et de septième, retardant la sixte.

quinte et septième.

Triple dissonnance de quinte dans l'accord de sixte, et de septième et neuvième retardant la sixte et l'octave.

quinte septième et neuvième.

On peut prolonger en entier sur la tonique et sur la médiante les accord de septième dominante, de septième de sensible et de septième diminuée.

Accord de septième dominante suivi de la tonique, portant accord parfait.

2me Renversement de la 7me dominante suivi de la médiante, portant accord de sixte.

Prolongation de la 7me dominante sur la tonique retardant l'accord parfait.

(1)

Prolongation de la 7me dominante sur la médiante, retardant l'accord de sixte.

Accord de 7me sensible sur la dominante ou neuvième dominante, suivi de la tonique.

Prolongation de la 7me sensible sur la tonique, retardant l'accord parfait.

(2)

1er Renversement de la 7me sensible, suivi de la médiante, portant accord de sixte.

Prolongation de la 7me sensible sur la médiante, retardant l'accord de sixte.

(1) Cet accord est connu sous le nom de septième superflue ou onzième tonique.

(2) Cet accord est connu sous le nom de septième superflue avec sixte majeure ou treizième tonique.

Accord de 7.me dominante suivi de la tonique dans le mode mineur.

2.me Renversement de la 7.me dominante suivi de la médiante portant accord de sixte.

Prolongation de la 7.me dominante sur la tonique, retardant l'accord parfait.

Prolongation de la 7.me dominante sur la mediante retardant la sixte, la médiante forme avec la note sensible l'intervalle de quinte augmentée.

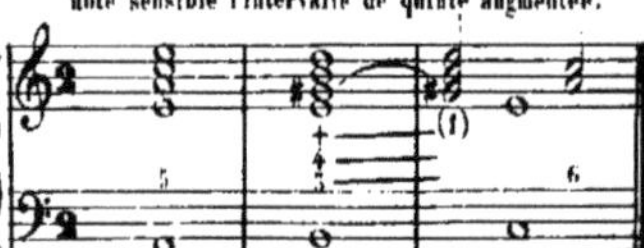

Accord de 7.me diminuée sur la dominante, ou 9.me mineure dominante, suivi de la tonique.

Prolongation de la 7.me diminuée sur la tonique, retardant l'accord parfait.

1.er Renversement de la 7.me diminuée, suivi de la médiante portant accord de sixte.

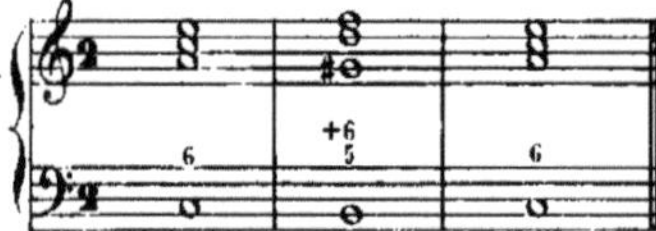

Prolongation de la 7.me diminuée sur la médiante, retardant l'accord de sixte offrant aussi l'intervalle de quinte augmentée.

Exemples de tous les mouvemens de la basse, avec les accords naturels, et les prolongations qu'on peut y introduire.

La basse monte de seconde.

(1) Cet accord est connu sous le nom de quinte superflue.

(2) Cet accord est connu sous le nom de septième superflue une sixte, mineure, ou treizième tonique.

Retard de la tierce et de l'octave.
Retard de l'octave et de la sixte.
Retard de l'octave, de la sixte et de la tierce.
HARMONIE SIMPLE.
Retard de l'octave.
Retard de la tierce par la seconde.
Retard de l'octave et de la tierce.
HARMONIE SIMPLE.
Retard de la sixte par la quinte.
Retard de la sixte par la septième.
Retard de l'octave.
Retard de l'octave et de la sixte.
HARMONIE SIMPLE.
Retard de la sixte.
Retard de l'octave.
Retard de l'octave et de la sixte.
HARMONIE SIMPLE.
Retard de la quarte.
Retard de la sixte.
Retard de la sixte et de la quarte.
Retard de l'octave de la sixte et de la quarte.
La basse descend de seconde.
HARMONIE SIMPLE.
Retard de la tierce.
Retard de la note fondamentale.
Retard de la note fondamentale et de la tierce.
HARMONIE SIMPLE.
Retard de la tierce
Retard de la sixte par la basse.

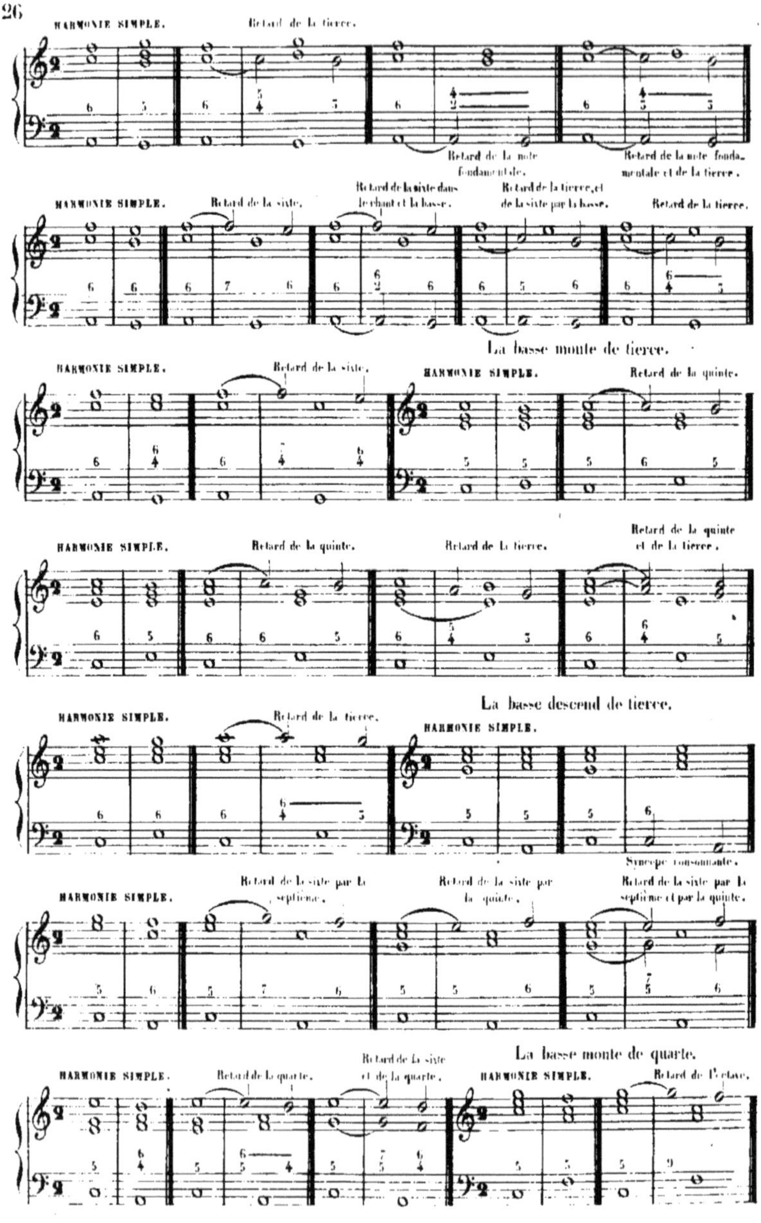

HARMONIE SIMPLE. Retard de la tierce. Retard de la note fondamentale. Retard de la note fondamentale et de la tierce.

HARMONIE SIMPLE. Retard de la sixte. Retard de la sixte dans le chant et la basse. Retard de la tierce, et de la sixte par la basse. Retard de la tierce.

La basse monte de tierce.

HARMONIE SIMPLE. Retard de la sixte.

HARMONIE SIMPLE. Retard de la quinte.

HARMONIE SIMPLE. Retard de la quinte. Retard de la tierce. Retard de la quinte et de la tierce.

La basse descend de tierce.

HARMONIE SIMPLE. Retard de la tierce.

HARMONIE SIMPLE. Syncope consonnante.

HARMONIE SIMPLE. Retard de la sixte par la septième. Retard de la sixte par la quinte. Retard de la sixte par la septième et par la quinte.

La basse monte de quarte.

HARMONIE SIMPLE. Retard de la quarte. Retard de la sixte et de la quarte.

HARMONIE SIMPLE. Retard de l'octave.

HARMONIE SIMPLE. Retard de la sixte. Retard de l'octave. Retard de l'octave et de la sixte.

HARMONIE SIMPLE. Retard de la sixte.

La basse descend de quarte.

HARMONIE SIMPLE. Retard de la quinte. Retard de la tierce. Retard de la quinte et de la tierce.

ARTICLE VIII.

CADENCES.

La cadence est la terminaison d'une phrase musicale sur un repos. On nomme aussi cadence la résolution d'un accord dissonant sur un accord consonant.

Il y a deux cadences principales:

Cadence sur la tonique, et cadence sur la dominante.

La cadence sur la tonique termine le sens musical, et se nomme cadence finale ou parfaite.

La cadence sur la dominante suspend le sens musical sans le terminer.

La cadence parfaite se fait par l'accord de dominante résolu sur la tonique.

La résolution de la septième sensible et de la septième diminuée sur la tonique est aussi une cadence parfaite, mais on l'emploie rarement comme cadence finale.

Les renversemens de septième dominante et de septième diminuée, qui sont résolus sur la tonique, font aussi cadence parfaite.

MODE MAJEUR. MODE MINEUR.

EXEMPLE.

Cadences parfaites.

La cadence à la tonique peut encore être amenée par la soudominante, portant accord parfait, ou accord de sixte.

MODE MAJEUR. MODE MINEUR.

EXEMPLE.

Cadences à la tonique, ou cadences plagales.

Cette cadence ne termine pas le sens musical comme la cadence parfait, cependant elle est quelquefois employée comme finale dans la musique d'un genre religieux.

Elle se nomme Plagale.

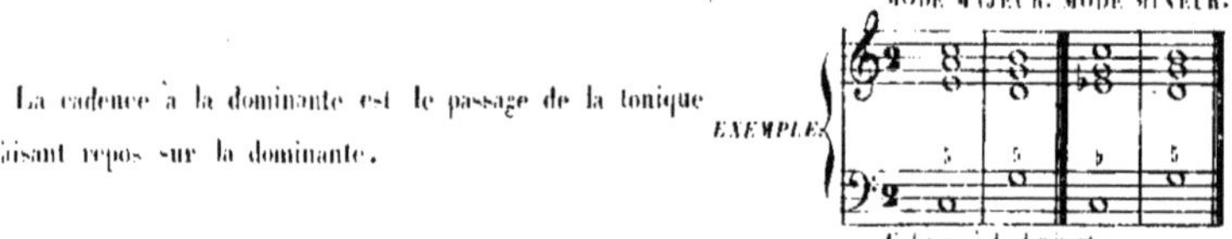

La cadence à la dominante est le passage de la tonique faisant repos sur la dominante.

Cadences à la dominante.

La cadence à la dominante est aussi le passage de tout accord faisant repos sur la dominante; elle n'est point un repos final, et ne fait que suspendre le sens musical.

MODE MAJEUR.

Cadences à la dominante.

Dans le mode mineur, le repos à la dominante se fait toujours sur l'accord parfait majeur.

MODE MINEUR.

Cadences à la dominante.

On peut faire aussi, sur chacune des autres notes de la gamme un repos momentané, ou cadence intermédiaire, avant d'arriver à l'une des deux cadences principales.

Cadences intermédiaires.

EXEMPLE.

On peut éviter, interrompre ou rompre la cadence parfaite, en changeant la résolution de la septième dominante qui annonce cette cadence.

La cadence s'évite en ajoutant la septième mineure à l'accord parfait majeur, sur lequel devait s'établir le repos, c'est-à-dire, en faisant de la tonique une dominante portant septième, ce qui produit deux septièmes dominantes de suite, descendant par quintes.

Cadences évitées.

EXEMPLE.

On peut continuer à éviter cette cadence et faire une suite de septièmes dominantes descendant par quintes. Il faut observer qu'on change de ton chaque fois qu'on fait succéder une dominante à une autre.

Dans le mode mineur, la succession des septièmes dominantes se fait comme dans le mode majeur; mais on peut y substituer les septièmes diminuées produites par ces dominantes, en observant que toutes les parties doivent descendre par demi-ton. (*Voyez l'article des genres.*)

La cadence parfaite s'interrompt en faisant succéder à la septième dominante, qui annonce la cadence une autre septième dominante, dont le son générateur sera une tierce au-dessous de la première.

On peut continuer à interrompre la cadence, et faire une suite de septièmes dominantes, dont chaque son générateur descendra de tierce.

Dans le mode mineur, on peut employer les septièmes diminuées au lieu des septièmes dominantes: cette succession amène le genre enharmonique. (*Voyez l'article des genres.*)

On interrompt aussi la cadence parfaite en faisant succéder à la septième dominante, une autre septième dominante dont le son générateur sera une tierce au-dessus de la première.

Dans le mode mineur on peut employer les septièmes diminuées au lieu des septièmes dominantes.

On interrompt encore la cadence parfaite, en faisant succéder à la septième dominante une autre septième dominante dont le son générateur sera une seconde au-dessus de la première.

Dans le mode mineur on peut employer les septièmes diminuées au lieu des septièmes dominantes.

On interrompt aussi la cadence parfaite, en faisant succéder à une septième dominante, une autre septième dominante dont le son générateur sera une quarte au-dessous de la première.

Cadences interrompues.

Sons générateurs.

Dans le mode mineur, on peut employer les septièmes diminuées au lieu des septièmes dominantes.

Cadences interrompues par les septièmes diminuées.

Sons générateurs.

La cadence parfaite se rompt en faisant succéder à la septième dominante un accord consonnant autre que celui de la tonique, que cette septième avait annoncé.

Cadence rompue par l'accord parfait sur la sixième note. Cette manière de rompre la cadence est la plus usitée, c'est elle qu'on désigne lorsqu'on dit simplement : *Cadence rompue*.

Cadence rompue.

Il y a différentes manières de l'employer dans le mode mineur.

Cadence rompue.

Cadence rompue par l'accord de sixte sur la sixième note; et les différentes manière de l'employer dans les deux modes.

Cadence rompue.

Cadence rompue par l'accord de sixte sur la dominante altérée devenue note sensible du mode mineur relatif.

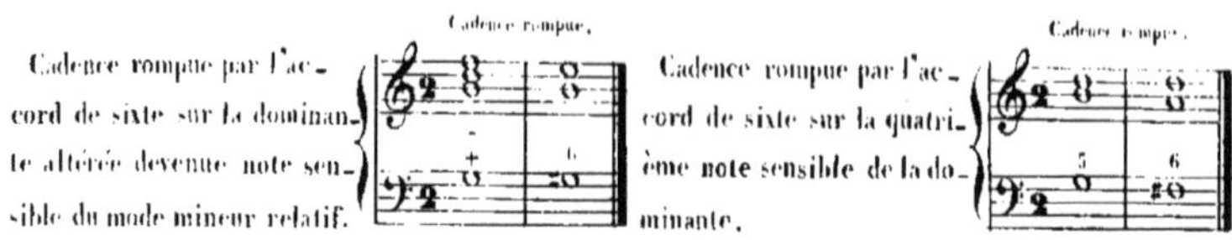

Cadence rompue.

Cadence rompue par l'accord de sixte sur la quatrième note sensible de la dominante.

Cadence rompue.

Exemples des marches les plus usitées de la basse, pour amener les cadences parfaites.

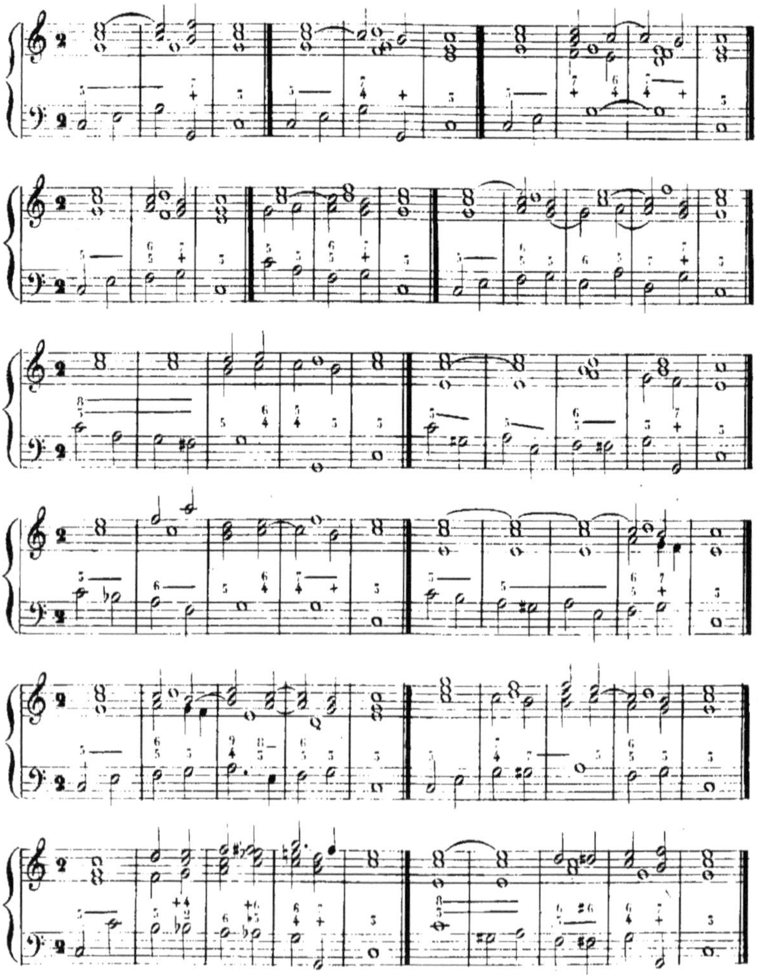

Autres exemples dans le mode mineur.
Marches de basses pour amener le repos à la dominante.
Suite de cadences à la dominantes.
Suite de cadences évitées.

Suite de cadences rompues.

ARTICLE. IX.

Les différens mouvemens de la basse parcourant l'étendue de l'échelle diatonique avec l'harmonie naturelle et les marches dissonnantes les plus usitées.

Le même passage à contre-tems.

Retard des sixtes par les quintes et les septièmes, produisant suite de septièmes.

HARMONIE SIMPLE Suite d'accords parfaits.

Retard de l'octave, produisant suite de neuvième.

Retard de l'octave de la tierce, produisant suite de onzièmes.

HARMONIE SIMPLE. Suite d'accords parfaits.

Retard des tierces, produisant suite de quartes et de quintes.

HARMONIE SIMPLE. Suite de sixtes.

Retard des sixtes par les septièmes, produisant suite de septièmes.

HARMONIE SIMPLE. Suite de sixtes.

Retard des sixtes par les septièmes, quand la basse descend de seconde.

Le même passage plus serré.
HARMONIE SIMPLE Suite d'accords parfaits et de sixtes.
La même avec des notes de passage au chant et à la basse.
La même autrement figurée.
Retard des sixtes par les quintes.
Le même passage figuré.
Suite de quintes et sixtes et de seconde.

HARMONIE SIMPLE. Suite de sixtes et d'accords parfaits.

Dissonnance de quinte dans l'accord de sixte, produisant suite de quintes et sixtes.

HARMONIE NATURELLE. Suite d'accords parfaits et de sixtes.

Dissonnance de seconde sous l'accord parfait produisant suite de secondes.

Dissonnance de seconde sous l'accord parfait et de quinte dans l'accord de sixte, produisant suite de secondes et de sixtes et quintes.

Retard d'octave dans l'accord parfait produisant suite de neuvièmes.

HARMONIE SIMPLE. Suite d'accords parfaits.

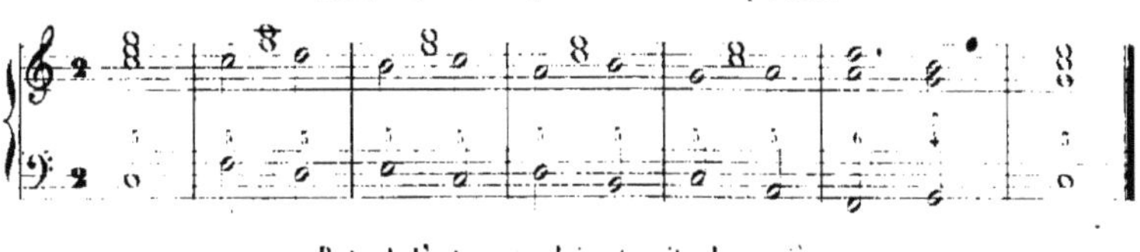

Retard d'octave, produisant suite de neuvième.

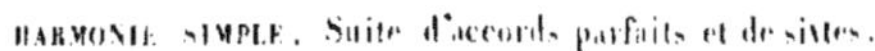

HARMONIE SIMPLE. Suite d'accords parfaits et de sixtes.

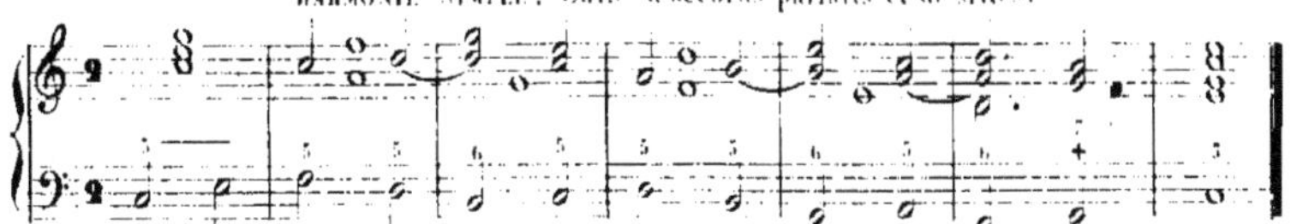

Dissonance de neuvième sur l'accord parfait, et de quinte dans l'accord de sixte.

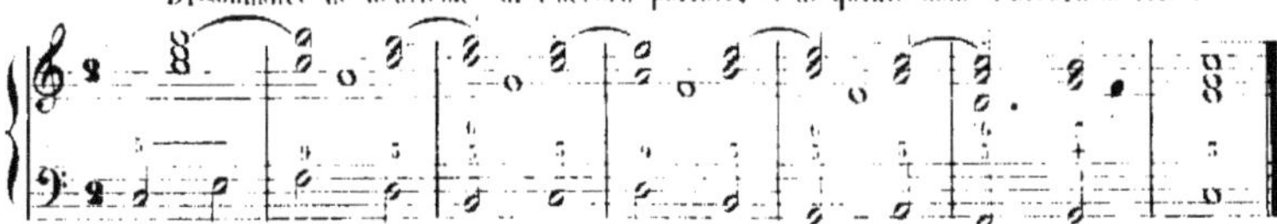

HARMONIE NATURELLE. Suite d'accords parfaits.

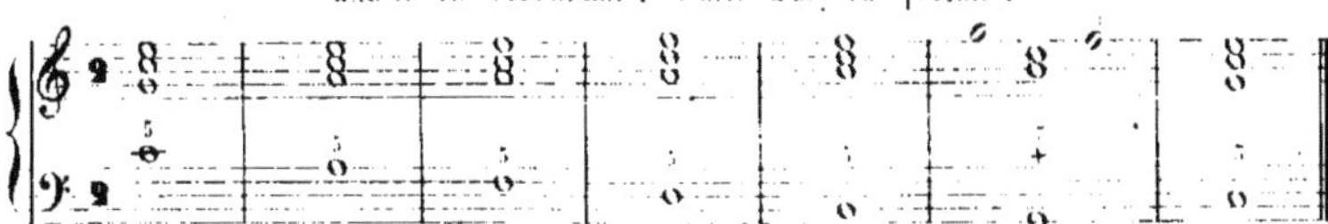

Retard de la basse, produisant suite de syncopes consonnantes.

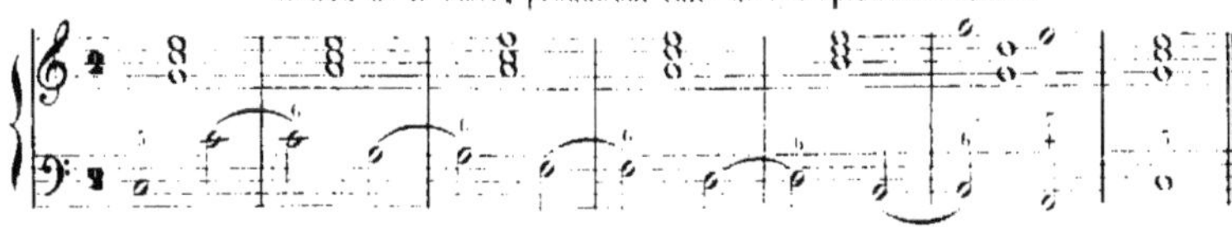

L'intervalle de tierce, à la basse, rempli par une note de passage.

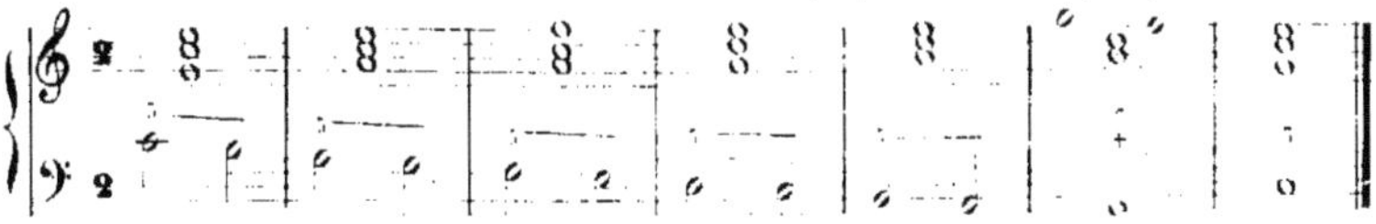

HARMONIE SIMPLE, Suite d'accords parfaits et de sixtes.

Retard de l'accord parfait à la basse, et de la sixte dans le chant, produisant suite de secondes et de septièmes.

Le même passage.

Le même passage, dans lequel le saut de quarte est rempli.

HARMONIE SIMPLE, Suite de sixtes.

Retard de sixte, faisant suite de septièmes de deux en deux mesures.

Retard de sixte, faisant suite de septièmes à chaque mesure.

HARMONIE NATURELLE. Suite d'accords parfaits.

Retard de tierce produisant dissonance de quarte de deux en deux mesures.

Retard de tierce et d'octave produisant dissonance de quarte et de neuvième alternativement.

Retard de tierce dans la septième dominante et dans l'accord parfait.

Retard de tierce dans la septième dominante et de tierce et d'octave dans l'accord parfait.

HARMONIE SIMPLE. Suite d'accords parfaits.

Retard de la première partie, faisant suite de sixtes et de quartes et quintes, alternativement.

Retard de la seconde partie faisant suite de quartes et de neuvièmes, alternativement.

Retard de deux parties à la fois, faisant suite de quartes et sixtes et de neuvièmes et quartes, alternativement.

HARMONIE SIMPLE. Suite d'accords parfaits.

Le même passage, avec des syncopes consonnantes dans toutes les parties.

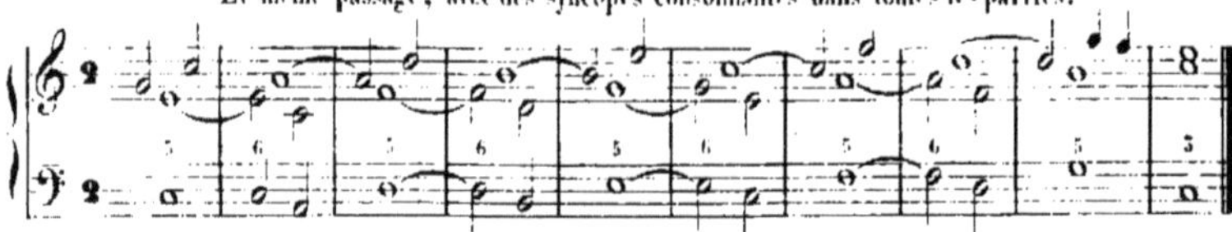

Le même, avec des syncopes consonnantes à la deuxième partie.

Le même passage, dans lequel l'octave est retardée à la première partie, et où les deux parties intermédiaires sont figurées par des notes de passage.

HARMONIE SIMPLE. Syncopes consonnantes à la première partie.

Les sauts de tierce et de quarte, remplis par des notes de passage.

HARMONIE SIMPLE. Suite d'accords parfaits et de sixtes.

Retard de sixte, produisant suite de septièmes.

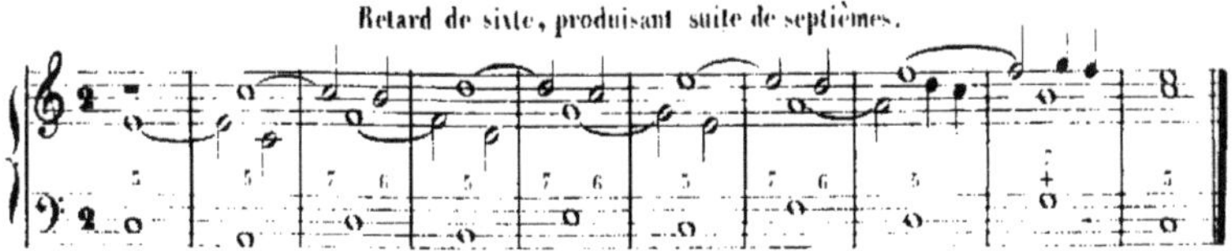

Les sauts de tierce et de quarte remplis par des notes de passage.

HARMONIE SIMPLE. Suite d'accords parfaits.

Dans cet exemple le ton n'est pas déterminé.

Les sauts de tierce et de quarte remplis par des notes de passage.

Suite d'accords parfaits, de sixtes, et de quartes et sixtes alternativement.

Retard de la quinte par la sixte.

Retard de la tierce, faisant dissonnance de quarte.

HARMONIE SIMPLE. Suite parfaits parfaits.

Retard de la tierce, produisant suite de quartes et quintes.

Les deux premières parties figurées par des notes de passage.

HARMONIE SIMPLE Suite d'accords parfaits.

Prolongation de septième sur l'accord parfait.

Prolongation de septième, et retard d'octave, produisant double dissonnance de septième et de neuvième.

Prolongation de septième avec retard d'octave et de tierce, produisant triple dissonnance de septième, de neuvième et de quarte.

Retard d'octave faisant suite de neuvièmes.

ARTICLE X.

GENRES.

Il y a trois genres: Le Diatonique, le Chromatique et l'Enharmonique.

Le genre diatonique procède par tons et par demi-tons naturels, c'est-à-dire sans altération ainsi les deux demi-tons qui se trouvent dans la gamme, sont du genre diatonique; et la gamme, soit en montant, soit en descendant se nomme Gamme ou Echelle Diatonique.

Le genre chromatique ne procède que par demi-tons; ainsi une gamme, en montant ou en descendant par demi-tons, se nomme gamme ou échelle chromatique.

On emploie en montant le chromatique par dièses, et en descendant le chromatique par bémols, suivant la manière la plus naturelle.

Cependant on peut l'employer des deux manières, en montant et en descendant.

Quoiqu'on nomme chromatique une succession de demi-tons, le demi-ton chromatique proprement dit n'est que le demi-ton qui existe d'une note à la même note, subissant une altération; et le demi-ton diatonique est celui qui existe d'une note à une autre.

La même par les septièmes diminuées.

Dans cette succession, toutes les parties ont une marche chromatique.

sons générateurs.

Le genre enharmonique est le passage d'une note à une autre sans que l'intonation de la note ait été changée d'une manière sensible.

Par exemple d'*Ut* à *Ut* ♯ on compte un demi-ton, et d'*Ut* à *Ré* ♭ on compte également un demi-ton; ces deux sons ont donc la même intonation suivant le tempérament: ainsi, après un *Ré* ♭ faites un *Ut* ♯, ou après un *Ut* ♯ faites un *Ré* ♭, ces deux notes ne changeront pas sensiblement d'intonation, quoiqu'elles aient changé de nom. Le passage d'une de ces notes à l'autre se nomme Enharmonie.

L'accord de septième diminuée est celui qui produit le plus naturellement le genre enharmonique, puisqu'il peut se présenter sous quatre faces différentes sans qu'il y ait eu changement sensible dans l'intonation.

L'exemple commence en *Mi* ♭ mineur.

L'*Ut* ♭ se change en *Si* ♮ à la troisième.

Le *La* ♭ se change en *Sol* ♯ à la quatrième mesure.

Le *Fa* se change en *Mi* ♯ à la cinquième mesure.

Le *Ré* se change en *Ut* × à la sixième mesure.

L'exemple finit en *Ré* mineur qui est le ton correspondant à celui de *Mi* ♭ mineur dans lequel il a commencé.

Il faut remarquer que c'est toujours la dissonance de la septième diminuée qui a subi un changement et qui a produit le passage enharmonique.

On voit par la succession des sons générateurs, que c'est une suite de cadences interrompues qui a amené ce passage.

ARTICLE XI.

PÉDALE.

La Pédale est un son prolongé à la basse, sur lequel on fait passer des accords qui lui sont étrangers, mais qui de tems en tems doivent contenir la note prolongée, sans quoi l'effet de la Pédale serait désagréable.

La Pédale se fait sur la tonique et sur la dominante.

La Pédale de tonique reçoit plus particulièrement l'accord de septième dominante, de septième de sensible et de septième diminuée par la raison que tous ces accords faisant leur résolution sur la tonique, le son de la Pédale se trouve souvent faire partie de l'harmonie.

EXEMPLE.

On peut moduler sur la Pédale en la considérant tantôt comme tonique et tantôt comme dominante.

La Pédale sur la dominante reçoit toutes les marches consonnantes et dissonnantes.

Elle doit commencer par le repos à la dominante et finir par la cadence parfaite, ou par le repos à la dominante.

La Pedale se fait à la partie la plus grave, et l'harmonie placée au-dessus doit s'en éloigner le plus possible.

Cependant, il est des cas où une Pédale peut être transportée au milieu de l'harmonie et même à l'aigu, pourvu que le son prolongé fasse partie de l'accord suivant.

HARMONIE SIMPLE. Pédale intérieure.

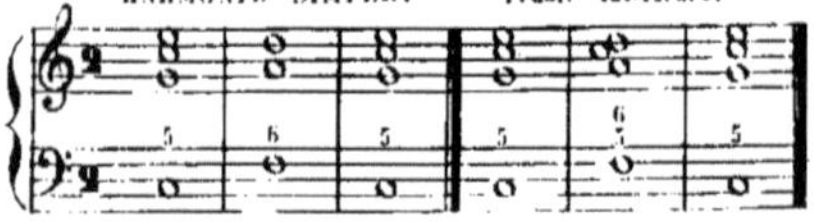

Quand une Pédale soit au milieu, soit à l'aigu, forme un intervalle de seconde ou de septième avec une des notes de l'accord, cette note ne doit pas se réunir au son de la Pédale par l'unisson ni par l'octave, mais elle doit s'en séparer par un intervalle consonnant.

ARTICLE XII.

ALTÉRATIONS.

On peut altérer une ou plusieurs notes d'un accord, quand cette altération conduit la note à son but. Par exemple, si le *Ré* doit monter au *Mi*, on peut, après avoir fait le *Ré* naturel, passer par le *Ré* ♯ qui conduit au *Mi*.

EXEMPLE.

Mais si le *Ré* doit descendre à l'*Ut*, au lieu d'être altéré par un ♯, il doit l'être par un ♭.

EXEMPLE.

Tous les accords sont susceptibles de recevoir une ou plusieurs altérations.

ACCORD PARFAIT MAJEUR ALTÉRÉ.

L'accord parfait majeur peut être altéré dans sa quinte en montant: cette altération produit un intervalle de quinte augmentée, et l'accord est composé de deux tierces majeures.

L'altération se fait également dans les renversemens.

EXEMPLE.

L'accord parfait majeur peut aussi être altéré par sa note fondamentale en montant. Alors l'accord devient diminuée.

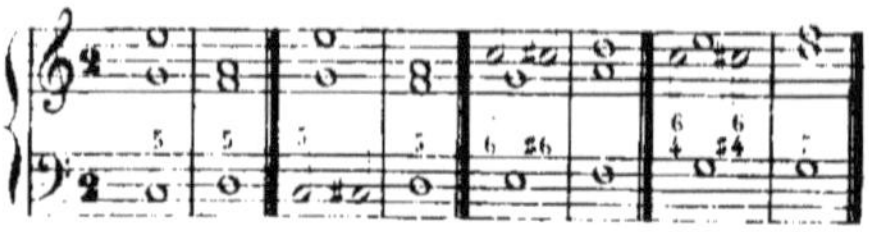

On peut encore altérer l'accord parfait majeur dans sa tierce en descendant, alors l'accord devient mineur.

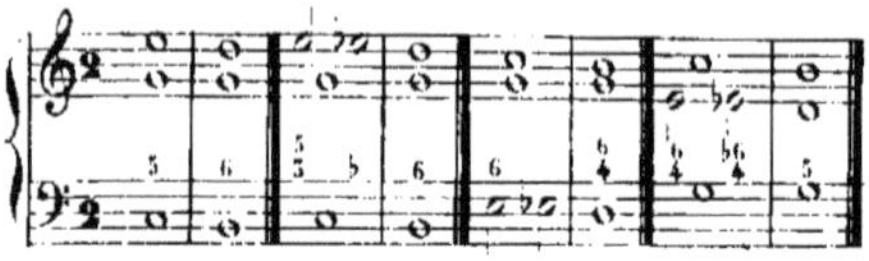

ACCORD PARFAIT MINEUR ALTÉRÉ.

L'accord parfait mineur peut être altéré dans sa quinte en descendant; alors l'accord devient diminué.

Il peut l'être aussi dans sa tierce en montant, et l'accord devient majeur.

Il peut encore être altéré dans sa note fondamentale en descendant ~~et en montant~~.

L'altération en descendant produit une quinte augmentée, et en montant, elle produit une tierce et une quinte diminuées.

EXEMPLE.

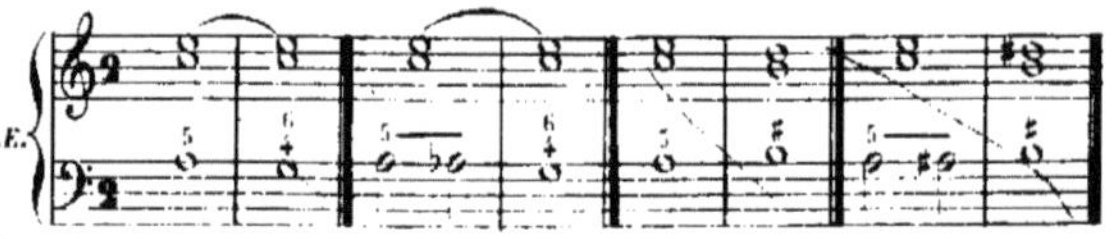

Pour éviter l'intervalle de tierce diminuée, il faut altérer la tierce en même tems que la note fondamentale. *Voyez* Ex: 1er

Comme le renversement de la tierce diminuée forme un intervalle de sixte augmentée; le meilleur moyen d'employer cette altération est de présenter l'accord sous le renversement de sixte.

C'est de cette manière que cette altération est très usitée. *Voyez* Ex: 2me

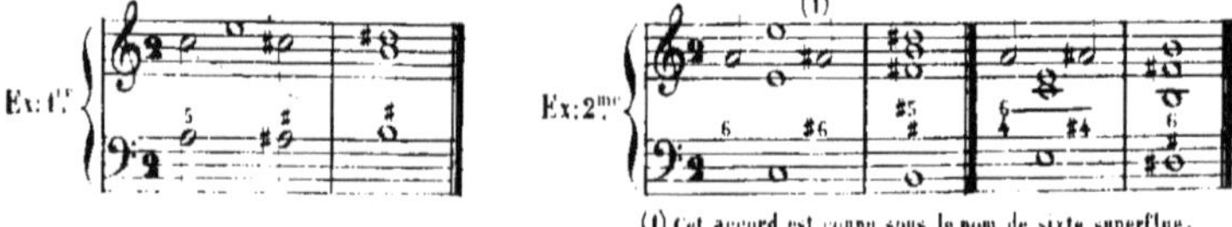

(1) Cet accord est connu sous le nom de sixte superflue.

ACCORD DE SEPTIÈME DOMINANTE ALTÉRÉ.

L'accord de septième dominante peut être altéré dans sa quinte, en montant et en descendant, en observant de renverser la tierce diminuée en sixte augmentée.

EXEMPLE.

— Quand la septième dominante est altérée dans sa quinte en descendant, cette altération qui (dans le ton d'*Ut*) change le *Ré* naturel en *Ré* bémol, fait pressentir le ton de *Fa* mode mineur; et l'accord parfait sur l'*Ut* n'est plus qu'un repos à la dominante.

EXEMPLE.

— L'altération peut être faite sans être précédée de la note naturelle.

(1)

ACCORD DE SEPTIÈME DE SENSIBLE ALTÉRÉ.

L'accord de septième de sensible peut être altéré dans sa tierce en montant, et en renversant l'intervalle de tierce diminuée en celui de sixte augmentée.

EXEMPLE.

(1)

Le même accord considéré comme septième de seconde du mode mineur peut être altéré dans sa tierce en montant, en observant toujours de renverser la tierce diminuée en sixte augmentée.

EXEMPLE.

(1)

(1) Cet accord est connu sous le nom de Sixte superflue avec Triton.

ACCORD DE SEPTIÈME DIMINUÉE ALTÉRÉ.

L'accord de septième diminuée peut être altéré dans sa tierce en descendant.

On n'emploie cette altération que sur les deux premiers dérivés de la septième diminuée.

L'accord parfait qui suit l'altération de la septième diminuée doit être majeur, car ce passage n'est qu'un repos à la dominante.

EXEMPLE.

Cet accord est connu sous le nom de Sixte superflue avec la quinte.

(**) Les deux quintes de suite que renferme ce passage sont tolérées, pourvu qu'elles ne soient pas placées entre la partie la plus aigue et la plus grave.

La prolongation d'une note étrangère à un accord n'empêche pas les notes de cet accord de subir les altérations dont elles sont susceptibles.

EXEMPLE.

On peut altérer une, deux et même trois notes de l'accord, en conservant toujours la prolongation.

EXEMPLE.

(*) Pour éviter l'intervalle de quarte doublement augmentée qui existe du LA ♭ au RÉ ♯, on écrit MI ♭ au lieu de RÉ ♯.

ARTICLE XIII.

MODULATION.

On nomme modulation, le passage d'un ton ou d'un mode dans un autre. (Voyez les principes élémentaires)

Pour que la modulation soit agréable, il faut que l'accord parfait, du ton que l'on quitte, conserve, dans celui du ton où l'on entre, au moins une note qui soit commune aux deux accords et qui serve de liaison dans l'harmonie.

EXEMPLE.

Mais un ton ne s'établit pas seulement en faisant entendre son accord parfait, il faut encore que la note sensible ait été entendue; or, le meilleur moyen de déterminer le ton est la cadence parfaite, puisqu'elle fait entendre la note sensible suivie de la tonique.

On module par quintes ascendantes et descendantes.

Chaque modulation par quintes ascendantes amène un dièze de plus à la clef.

Chaque modulation par quintes descendantes amène un bémol de plus à la clef. (Voyez les principes élémentaires de musique adoptés par le Conservatoire.)

Les modulations les plus naturelles sont celles par quintes descendantes, car, sans le secours d'aucun accord intermédiaire on passe d'*Ut* en *Fa*, de *Fa* en *Si*♭, &: on n'a qu'à ajouter la septième mineure à l'accord parfait majeur, il deviendra accord de septième dominante et fera cadence parfaite en descendant de quinte sur la tonique; et le ton sera entièrement déterminé par cette cadence. *Voy.* Ex: 1.er

Si, au contraire, on veut moduler par quintes ascendantes, il faut que l'accord parfait du ton dans lequel on veut aller, soit précédé de sa septième dominante. *Voyez* Ex: 2.me

Cette dominante a besoin elle même d'être liée à l'accord précédent par plusieurs notes, et de cette manière elle sera mieux amenée.

Il est donc plus simple et plus facile de moduler par quintes descendantes que par quintes ascendantes. Néanmoins, dans un morceau de musique quelconque, la première modulation en quittant le ton primitif se fait à la dominante qui est la quinte au-dessus, et la modulation à la soudominante, qui est la quinte au-dessous, ne se fait qu'après.

La modulation au ton relatif est aussi une des plus simples et des plus usitées, soit en passant du majeur à son relatif mineur, soit en passant du mineur à son relatif majeur.

Au surplus, il est difficile de donner des règles aux modulations: la seule dont on ne doive jamais s'écarter, est de satisfaire l'oreille.

MODULATIONS.

Partant du ton d'UT majeur,

pour aller dans tous les tons majeurs et mineurs.

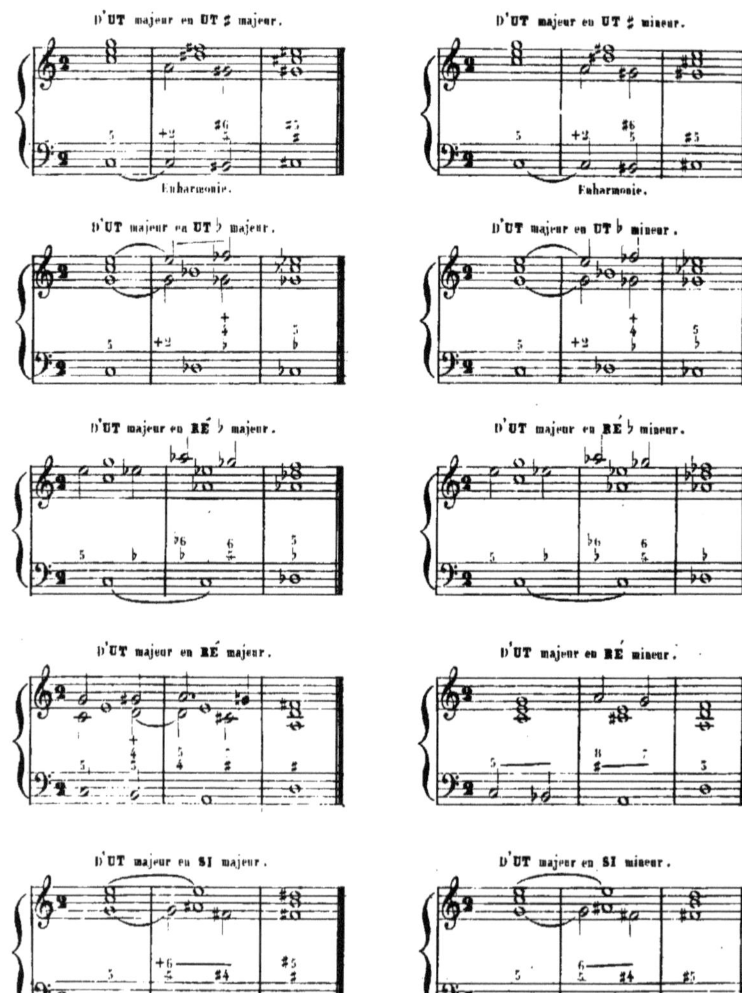

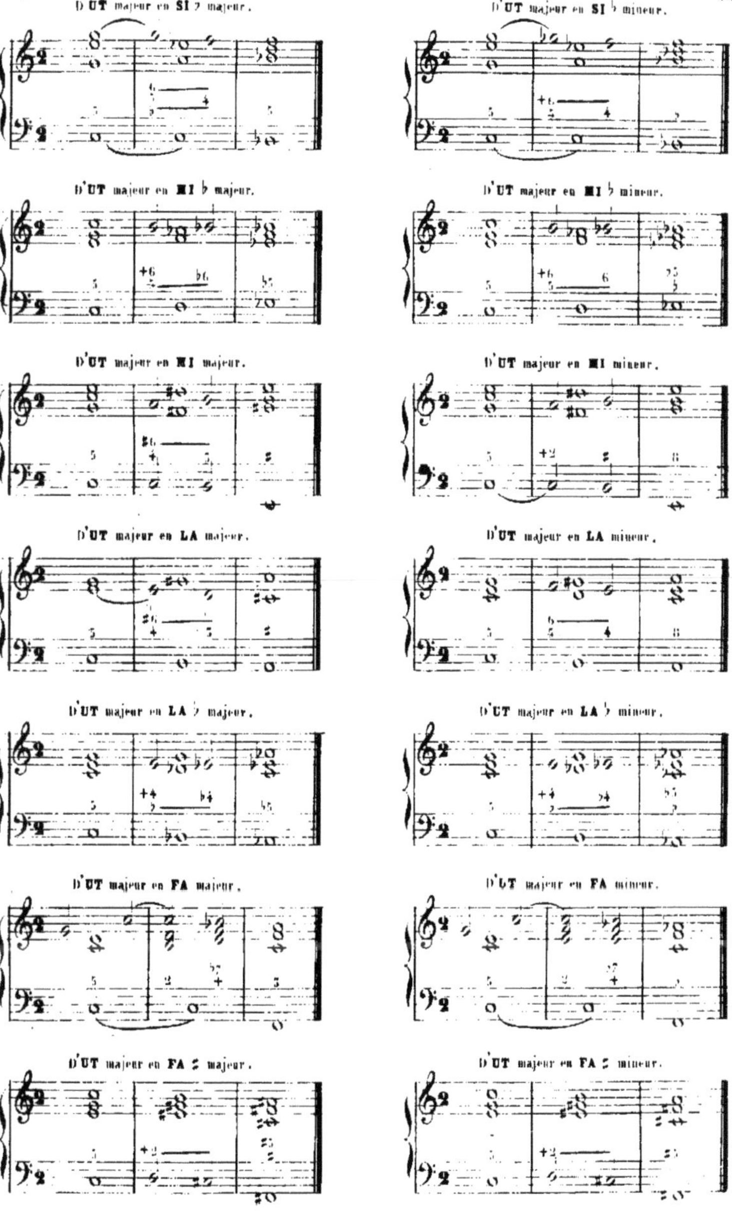
D'UT majeur en SI ♭ majeur.
D'UT majeur en SI ♭ mineur.
D'UT majeur en MI ♭ majeur.
D'UT majeur en MI ♭ mineur.
D'UT majeur en MI majeur.
D'UT majeur en MI mineur.
D'UT majeur en LA majeur.
D'UT majeur en LA mineur.
D'UT majeur en LA ♭ majeur.
D'UT majeur en LA ♭ mineur.
D'UT majeur en FA majeur.
D'UT majeur en FA mineur.
D'UT majeur en FA ♯ majeur.
D'UT majeur en FA ♯ mineur.

D'UT majeur en SOL mineur.

D'UT majeur en SOL ♭ majeur.

D'UT majeur en SOL ♭ mineur.

ARTICLE XIV.

SUR LA MANIÈRE DE CHIFFRER.

Cet article est essentiel pour ceux qui veulent accompagner au Piano.

Les chiffres se posent sur les notes de la basse pour représenter l'harmonie.
Un chiffre ne représente pas seulement l'intervalle qu'il indique, mais il en sous-entend toujours un ou plusieurs autres.
Par exemple un 2 sous-entend $\substack{4\\2}$ et quelquefois $\substack{6\\4\\2}$.

Un 5 sous-entend $\substack{5\\3}$ ou $\substack{8\\5\\3}$. L'accord parfait se chiffre par un 3 lorsque la résolution d'une dissonance se fait sur la tierce.

Cependant quand on chiffre plusieurs tierces de suite, il ne faut pas d'autre note d'accompagnement.

EXEMPLE.

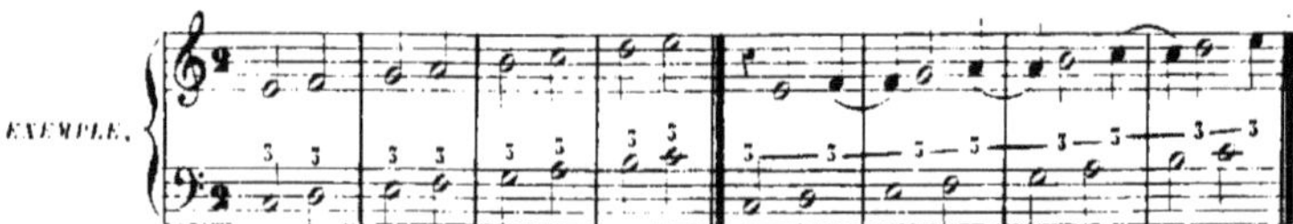

Un 4 sous-entend $\substack{5\\4}$; mais le 4 précédé d'une croix +4 indique l'accord de triton qui s'accompagne de seconde et sixte.

EXEMPLE.

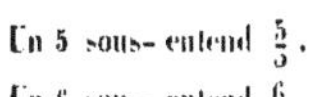

Un 5 sous-entend $\begin{smallmatrix}5\\3\end{smallmatrix}$.

Un 6 sous-entend $\begin{smallmatrix}6\\3\end{smallmatrix}$.

Un 7 sous-entend $\begin{smallmatrix}7\\3\end{smallmatrix}$ et quelquefois $\begin{smallmatrix}7\\5\\3\end{smallmatrix}$: mais le 7 précédé d'une croix +7 indique la septième dominante sur la tonique, alors le 7 sous-entend $\begin{smallmatrix}+7\\5\\4\\2\end{smallmatrix}$.

Un 8 sous-entend $\begin{smallmatrix}8\\5\\3\end{smallmatrix}$.

L'accord parfait se chiffre par un 8 quand la résolution d'une dissonance se fait sur l'octave.

Un 9 sous-entend $\begin{smallmatrix}8\\5\\3\end{smallmatrix}$.

Quand il y a plusieurs 8 de suite ils n'indiquent que les unissons.

Quelquefois deux chiffres en sous-entendent un ou plusieurs autres.

Par exemple $\begin{smallmatrix}4\\3\end{smallmatrix}$ sous-entendent $\begin{smallmatrix}6\\4\\3\end{smallmatrix}$; $\begin{smallmatrix}6\\5\end{smallmatrix}$ sous-entendent quelquefois $\begin{smallmatrix}6\\5\\3\end{smallmatrix}$.

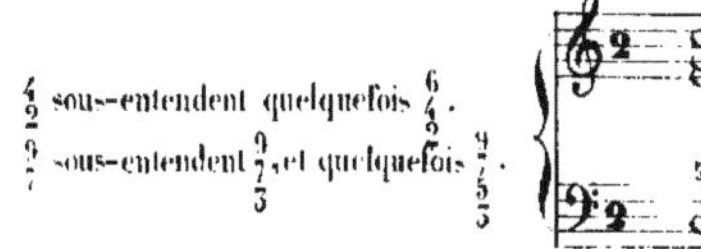

$\begin{smallmatrix}4\\2\end{smallmatrix}$ sous-entendent quelquefois $\begin{smallmatrix}6\\4\\2\end{smallmatrix}$.

$\begin{smallmatrix}9\\7\end{smallmatrix}$ sous-entendent $\begin{smallmatrix}9\\7\\3\end{smallmatrix}$, et quelquefois $\begin{smallmatrix}9\\7\\5\\3\end{smallmatrix}$.

Pour eviter la difficulte de savoir si on doit ajouter un ou plusieurs intervalles aux chiffres indiques, il ne faut accompagner qu'à trois parties en ajoutant l'intervalle le plus essentiel à chaque chiffre seul, et n'ajoutant rien lorsqu'il y a deux chiffres: par ce moyen on sera sûr de ne jamais faire de faute, car il vaut mieux retrancher une note peu essentielle a un accord, que d'en ajouter une que l'accord ne comporte pas.

Ainsi on accompagnera un 2 par ${}^{4}_{2}$; un 3 par ${}^{8}_{3}$, ou ${}^{5}_{3}$; un 4 par ${}^{5}_{4}$; un +4 par ${}^{+4}_{2}$; un 5 par ${}^{5}_{3}$; un 6 par ${}^{6}_{3}$; un 7 par ${}^{7}_{3}$; un +7 par ${}^{+7}_{2}$; un 8 par ${}^{8}_{3}$; un 9 par ${}^{9}_{3}$; et tous les doubles chiffres tels qu'ils seront, sans y rien ajouter.

Ce moyen ne peut jamais induire en erreur car l'harmonie la plus pure est à trois parties.

On ajoute soit devant, dessus ou dessous les chiffres, des signes qui alterent certains intervalles indiqués ou sous-entendus par les chiffres.

Ces signes sont: le dièse ♯, le bémol ♭, le bécarre ♮, la croix + et la barre qui traverse le chiffre.

La croix est un signe d'augmentation qui indique une note sensible ou un intervalle augmenté.

La barre est un signe de diminution qui indique un intervalle diminué.

Lorsqu'un de ces signes se trouve sans chiffre, il représente une tierce qui subit l'altération indiquée par le signe. *Voyez* Ex: 1.er

Lorsque le signe est sous un chiffre quelconque il représente la tierce à laquelle il fait subir l'altération qu'il indique *Voyez* Ex: 2.e

Ex: 1.er Ex: 2.e

Lorsque le signe est devant le chiffre, il altère l'intervalle que représente le chiffre. *Voyez* Ex: 3.e

Lorsque le signe est au dessus du chiffre il désigne l'intervalle sous-entendu au dessus du chiffre.

Au dessus du 2 il désigne la quarte.

Au dessus du $\frac{4}{3}$ il désigne la sixte *Voyez* Ex: 4.e

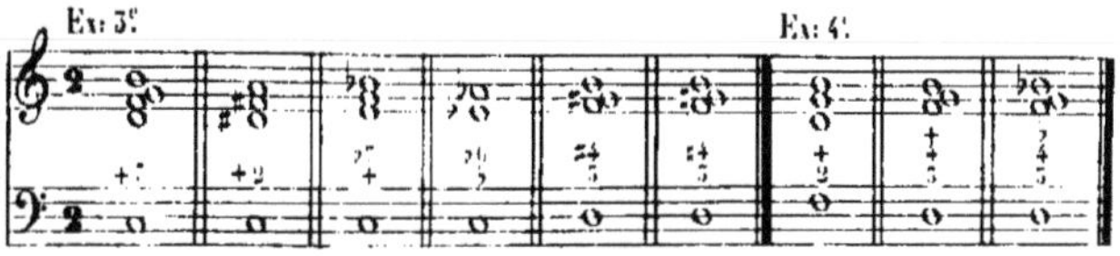

Ex: 3.e Ex: 4.e

Le chiffre barré indique que l'intervalle est diminué. *Voyez* Ex: 5.e

Quand après un chiffre on tire une barre, l'accord doit être prolongé jusqu'au chiffre suivant Ex: 6.e

Ex: 5.e Ex: 6.e

Si l'accord reçoit plusieurs chiffres, et que la barre ne soit placée qu'après un seul, il ne faut prolonger que le son indiqué. *Voyez* Ex: 7.e

Les mots: ***Tasto solo*** qui se placent ordinairement sur une pédale, indiquent qu'il ne faut pas faire d'accord de la main droite.

Quand on veut chiffrer la pédale, il faut placer les chiffres suivant l'ordre qu'on donne aux parties dans l'harmonie. *Voyez* Ex: 8.e

Ex: 7.e Ex: 8.e

BIBLIOTHÈQUE ROYALE
I

www.ingramcontent.com/pod-product-compliance
Ingram Content Group UK Ltd.
Pitfield, Milton Keynes, MK11 3LW, UK
UKHW021004180726
13838UKWH00003B/1449